AF339614

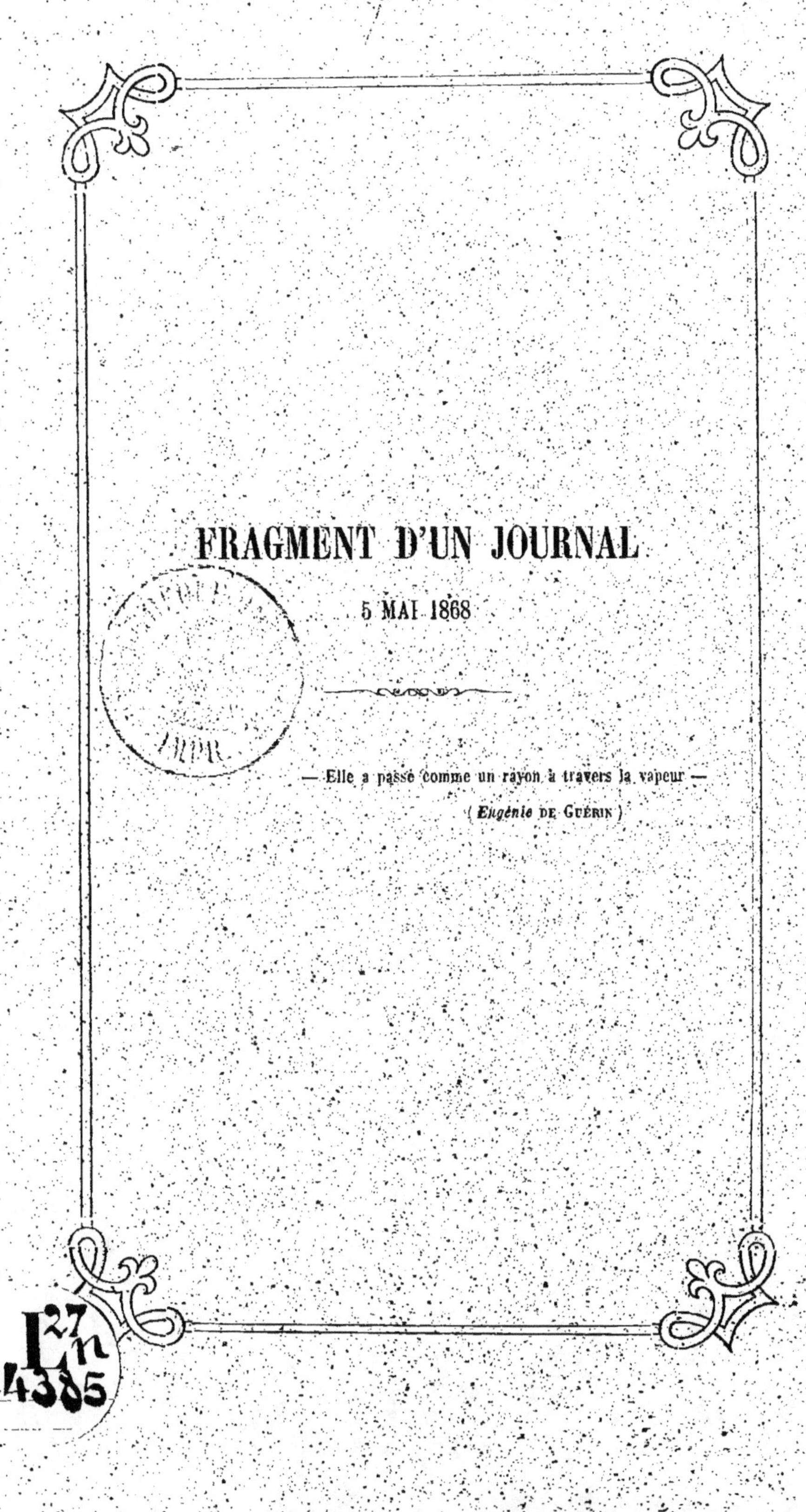

FRAGMENT D'UN JOURNAL

5 MAI 1868

— Elle a passé comme un rayon à travers la vapeur —

(Eugénie DE GUÉRIN)

FRAGMENT D'UN JOURNAL

5 MAI 1868

— Elle a passé comme un rayon à travers la vapeur. —

(*Eugénie* DE GUÉRIN.)

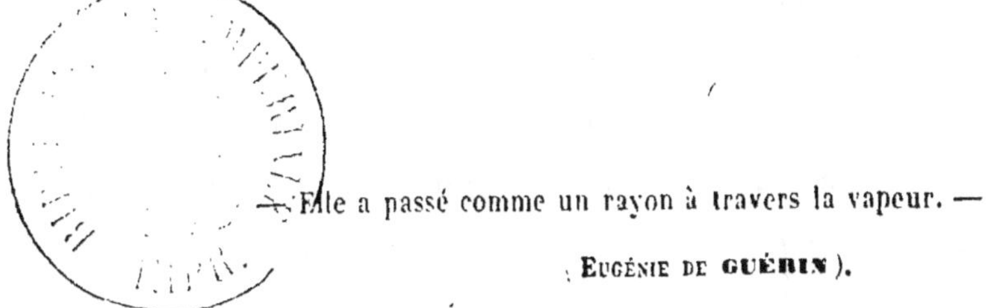

Ceci est une histoire d'hier ou qui date de plusieurs années, comme le lecteur voudra ; mais elle est vraie dans tous ses détails. Seulement on a changé les noms par respect pour la mémoire de la personne qui est le sujet de cette étude et par déférence pour sa famille.

I

Sur le sommet d'un vallon que traverse un ruisseau aux capricieux méandres (*la Torgue*), à trois kilomètres d'une petite ville de l'Agenais, est posée comme une tente de verdure et de fleurs une charmante habitation : c'est la Tolzière. Au printemps cette villa semble prendre un air de fête : les senteurs qui s'exhalent des bois et des prés, les plantes qui couvrent la terre et jettent de tous côtés leurs délicieux parfums; les oiseaux qui chantent, les insectes qui bourdonnent, les fleurs qui s'épanouissent, ces rayons du soleil qui se jouent dans le feuillage naissant ; toute cette animation, toute cette joie de la nature jointe à l'activité des travaux rustiques, font de cette retraite quelque chose d'enchanteur.

La Tolzière appartient depuis près d'un siècle à une ancienne famille protestante du pays, et si elle appelle l'attention par ses agréments extérieurs, la richesse et le côté poétique du paysage, elle est connue surtout par la charité généreuse et discrète de ses hôtes.

II

Là-bas, au bord de ce sentier creux et solitaire, sont deux tombes formant monticule au milieu d'une pelouse qui se déroule comme un magnifique tapis vert. L'une d'elles renferme les restes vénérés de Mme Pouyade qui, pendant plus de cinquante ans, dirigea l'exploitation de la Tolzière.

Mme Pouyade devint veuve bien jeune encore ; elle avait trois enfants en bas âge ; elle quitta la ville et ses plaisirs, et se livra tout entière aux occupations sérieuses et rudes de la campagne, par sentiment du devoir et par dévouement aux intérêts de sa jeune famille. C'était la femme forte de l'Ecriture, toujours vigilante, toujours active, la lumière, la joie et l'ornement de sa demeure ; belle, grande, à la physionomie sévère et digne, d'une bonté un peu froide. On sentait à la voir qu'un vieux sang huguenot coulait dans ses veines. Sa piété n'avait pas d'intolérance, sa charité ne faisait pas de choix; mais ses convictions religieuses n'auraient reculé devant rien, pas même devant la persécution. Sa vie entière fut un sacrifice en vue de ses enfants. Son économie, ses privations, son existence sédentaire, son oubli de toute élégance, n'avaient pour but que de leur procurer un peu de bien-être et de se préparer à elle-même le moyen d'être utile à ceux qui l'entouraient.

Tant que Mme Pouyade vécut, la Tolzière fut constamment comme un arsenal de bienfaisance. Il y avait là du linge et de la charpie pour les blessés, des médicaments et du bouillon pour les malades, des outils et des instruments pour les travailleurs, quelquefois même un peu d'argent, fruit de l'épargne de la veuve, pour le paysan arriéré dans le paiement de l'impôt ou victime d'une mauvaise récolte; des lectures pieuses le dimanche, un baume pour le corps et un baume pour l'âme. Les voisins qui avaient un service à demander venaient tout naturellement à la Tolzière et, hâtons-nous de le dire, cette tradition ne s'est pas perdue.

Mme Pouyade tomba infirme vers la fin de sa carrière. Cela n'altéra nullement son calme, sa résignation et sa piété. Elle se contentait d'offrir ses souffrances à Dieu. Condamnée à ne pas quitter son fauteuil pendant dix années, jamais on ne la vit oisive. Elle prenait alternativement sa quenouille et son tricot, tantôt récitant des cantiques, tantôt prenant part, avec ses amis, à une conversation qu'elle savait rendre agréable et enjouée.

III

La fille aînée de Mme Pouyade s'était mariée en 1837 avec M. Delcour, qui fut longtemps journaliste dans une grande ville de province ; mais sachant qu'il y a toujours quelque chose de flottant et de vague dans la destinée d'un homme qui vit de sa plume, M. Delcour entra dans l'instruction publique et y obtint du succès.

De cette union naquirent deux enfants : Jeanne et Arthur ; Jeanne dont la tombe s'est récemment ouverte à côté de celle de sa grand'mère. Laissez-moi vous parler d'elle. Sa mort a excité bien des regrets, fait verser bien des larmes. Sa vie a été comme un songe rapide, car, en réalité, elle n'a pas vécu ; elle a glissé comme un souffle de grâce, comme un parfum subtil entre le ciel et la terre, bénissant ce qui était sous ses pieds, mais n'aspirant qu'à ce qui l'appelait d'en haut.

IV

Je l'ai vue dans les premières années de son enfance. Oh ! la jolie petite fille, mignonne et proprette, alerte, gaie, vive, aimable ! J'étais là quand elle marcha seule avec des pieds d'une adresse singulière. Et ce souvenir me vient tout mouillé de larmes. Comme elle s'ébattait joyeuse dans cette prairie qui a reçu sa dépouille mortelle ! Comme elle courait, sa blonde chevelure au vent, dans ce jardin, dans ces vergers, dans ces charmilles, plus loin, dans ces champs de blé, après l'oiseau qui chantait la lumière ou le papillon qui caressait la fleur, aspirant l'air, les odeurs, la liberté de la campagne ! Je me prêtais à tous ses caprices ; j'excusais toutes ses folies. Mutine et volontaire, je la trouvais adorable. J'étais son ombre ; j'étais son esclave ; et je me sentais assez payé par un baiser et même par un sourire.

Bien que séduisante par sa grâce naïve et enfantine, elle n'était pas gâtée par sa mère, femme d'une grande bienveillance, mais sage et raisonnable et laborieuse. Aux accès de paresse, aux irrégularités de caractère, Mme Delcour, opposait une sévérité douce et ferme ; et si les exhortations, les remontrances, le blâme ne suffisaient pas, elle employait des arguments plus vifs, et alors la petite fille, déjà fière, était crispée, en vraie révolte : il fallait du temps pour calmer l'orage.

L'éducation, l'âge, le milieu dans lequel elle grandit, les bons exemples, l'influence d'une mère éclairée, d'un père tendre, les dons rares qui étaient en elle comme un trésor caché, firent de Jeanne une personne accomplie.

V

Les fonctions de M. Delcour le tenaient éloigné de la Tolzière. Quand il venait aux vacances avec sa famille, je pouvais constater les progrès de Jeanne. L'enfant était devenue jeune fille sans s'en apercevoir. Mais si son intelligence s'était développée, le corps était resté frêle et délicat. Je ne sais si elle était laide ou jolie, mais à coup sûr elle était pleine de grâce et de séduction : elle avait des cheveux d'un blond cendré avec des reflets fauves, le nez bien fait, la bouche fraîche et gracieuse, les dents très-belles, l'ovale du visage d'un tour parfait.

Ses traits étaient fins, délicats, d'une grande distinction; son cou mince avait de la peine à soutenir sa tête forte et puissante. Elle était petite, et la ténuité élégante de ses formes la faisait ressembler à une statuette de Madone; ses mouvements et même son attitude portée en avant avaient je ne sais quel charme qui ne parlait pas aux sens, mais à l'esprit; sa voix avait une douceur inouie; son front large avait une pureté exquise. Rien de candide comme son regard et son sourire. Quant à ses yeux plutôt petits que grands et légèrement enfoncés sous l'arcade du front, ils avaient une pénétration qui perçait les consciences.

Malgré son apparente fraîcheur, Jeanne avait une santé très-inégale : des migraines fréquentes, des ardeurs d'estomac. Les distractions, les voyages, le séjour aux Eaux ou à la campagne la rétablissaient promptement; mais le mal continuait son œuvre semblable au ver rongeur qui s'attaque de préférence au plus beau fruit. On comptait sur le temps, sur la jeunesse, sur les soins prodigués; on ne s'alarmait guère.

VI

Jeanne excitait l'admiration de ceux qui avaient vu fleurir son adolescence; son intelligence sereine, facile, féconde, se jouait des difficultés. Elle saisissait, elle devinait pour ainsi dire ce que d'autres apprennent à force de travail et d'étude. Son instruction variée, brillante, solide, acquérait chaque jour des richesses nouvelles. Elle s'appliquait particulièrement aux études littéraires, à l'histoire, à la philosophie et faisait une large part aux matières religieuses, à tout ce qui lui parlait de Dieu et de la destinée humaine.

Elle était le plus souvent sérieuse (à cause du mal secret qui la minait sans doute); mais elle avait conservé son amabilité et son enjouement. Elle tenait de son père la vivacité des natures ardentes, la gaîté, l'étincelle; de sa mère un fond de mélancolie, le bon sens, la volonté.

Et il était curieux de voir cette jeune fille qui vivait presque toujours d'idéal, descendre aux soins de la famille, se mettre avec bonheur au service de ses parents, se faire le centre des intérêts comme des sentiments. C'était le génie familier, le lutin protecteur du foyer domestique. Elle présidait à tout, elle voyait tout, elle ordonnait tout, de la cuisine au salon, de sa chambre à coucher au cabinet de son père; agissant toujours à propos, sans hésitation et sans bruit, s'occupant des détails les plus minutieux jusqu'à choisir elle-même la robe de sa mère ou à brosser les vêtements de son père à l'heure d'une promenade ou d'une réception; et tout cela avec simplicité, avec bonhomie, avec joie. On sentait, en l'approchant, une personne vraie jusqu'au fond de l'âme, raisonnable et sensible, modeste et dévouée. Mais elle était fière malgré son humilité chrétienne et sa modestie exagérée; elle était fière de l'ascendant qu'elle exerçait par son rare mérite, de l'affection et de la sympathie qu'elle inspirait, de l'attrait magnétique par lequel elle dominait les volontés et les cœurs.

VII

Sa conversation pleine d'intérêt et d'agrément, sa correspondance, les fragments d'un journal où elle déposait ses pensées et ses impressions prouvent que c'était une intelligence remarquable et un grand cœur. Elle avait une affinité réelle avec ces esprits d'élite qui se sont révélés de notre temps, Eugénie de Guérin et Mme Michelet. J'ai lu d'elle des lettres, des pages d'un charme inexprimable que ces auteurs aimés n'auraient pas désavouées.

Quand parurent les œuvres d'Eugénie de Guérin, ce fut chez Jeanne un véritable enthousiasme. Elle dévorait ce livre; elle se retrouvait à toutes les pages : esprit, cœur, sentiments élevés, piété profonde, amour filial, amour fraternel, poésie, toute sa vie, tous ses rêves, toutes ses espérances, toutes ses déceptions, toutes ses joies et toutes ses douleurs.

Le Cayla et la Tolzière ! n'était-ce pas la même chose à ses yeux? deux retraites paisibles, où s'accomplissaient les mêmes travaux et les mêmes devoirs, où régnait une si parfaite similitude d'existence, de goût, de sentiments, d'opinion.

— Ah ! quel bonheur pour moi, disait-elle, si j'avais eu pour amie Eugénie de Guérin, si j'avais été en correspondance avec une âme aussi bonne et aussi belle !

VIII

Jeanne et Eugénie ! ces deux âmes étaient sœurs, et on comprend l'attraction de l'une sur l'autre. Même innocence, même douceur, même amour du beau, du vrai et du bien, même grandeur, même inspiration sainte et poétique. Voilà ce qui a établi entre elles cette union spirituelle et immortelle.

Et Jeanne se sentait un peu la fille de ce bon M. de Guérin qui *aurait volontiers donné la lune à ses enfants*. Elle se sentait un peu la sœur de ce Maurice qu'Eugénie a tant aimé, et qui, au début, avait été comme M. Delcour professeur et journaliste.

N'avait-elle pas, elle aussi, un père d'une tendresse infinie ? Elle lui lisait un jour ces lignes émues d'Eugénie de Guérin :

« Posé mon front sur les mains de mon père posées sur « ses genoux. Oh ! le doux oreiller ! Tout mon cœur s'était « porté à ma tête dans ce repos pour en jouir. Mon père « est bon ; d'une bonté tendre, ardente et pour ainsi dire « amoureuse comme on dit de la bonté divine. »

— « C'est bien toi ! » dit Jeanne à M. Delcour, et le père répartit avec cet accent profond qui sort des entrailles : « ah ! que je te sens ma fille. — Le mot de M. Mialaret à Mme Michelet enfant !

N'avait-elle pas un frère dont la santé donna longtemps de grandes inquiétudes, et qu'elle adorait ? Une crise éclate ;

il crache le sang. Et Jeanne : « Mon Dieu ! prenez ma vie et épargnez mon frère. » — Elle s'évanouit. C'était une nature heureuse par elle-même, mais son cœur doué d'une bienveillance , d'une commisération , d'un dévouement extrêmes, était capable de tous les sacrifices.

Mlle de Guérin admirait les beautés de la nature ; elle les décrit quelquefois avec éloquence.

Jeanne aimait avec passion les fleurs, les grands arbres, les sites enchanteurs, toutes ces beautés harmonieuses de la création.

Mlle de Guérin, catholique fervente, parle avec amour de sa foi, de ses croyances, des bienfaits de la religion. C'est une âme qui vit comme exilée sur la terre et qu'un lien mystérieux rattache au Ciel.

Jeanne, protestante convaincue, aurait affronté le martyre pour sa religion et pour son Dieu. Ce qu'elle appelait les *petites superstitions* de Mlle de Guérin — et dont celle-ci s'excuse auprès de son frère — la faisaient sourire. Cependant elle disait : « Après tout, je préfère de beaucoup ces superstitions à l'incrédulité. »

IX

Elle reconnaissait que le roman bien compris, écrit en vue de moraliser la société, de plaire, d'instruire, d'élever, en agrandissant le domaine moral, pourrait rendre d'éminents services ; mais elle détestait, à l'exemple de Mlle de Guérin, les livres où , sous le voile de la fiction , le vice est glorifié, le désordre des passions peint sous des couleurs séduisantes, la corruption enseignée et triomphante.

Néanmoins, elle se plaisait dans le monde et l'acceptait tel qu'il est; elle aimait les relations douces, amicales, et je dois, je peux le dire, la conversation des hommes distingués. Elle s'y mêlait avec mesure et modestie; mais elle faisait preuve, partout et toujours, d'un tact parfait. Elle avait ce je ne sais quoi qui attire, et tout le mystère de cet art qu'elle avait de plaire aux regards en même temps qu'à l'âme, consistait dans un sentiment du vrai que je n'ai jamais vu en défaut chez elle. Dans les questions de littérature comme sur l'article *modes*, elle avait toujours le mot juste, un goût sûr, une appréciation piquante et originale. J'ajoute qu'elle se produisit dans le monde moins souvent qu'elle n'y fût appelée. Encore un point de ressemblance avec Mlle de Guérin : — « Elle n'a jamais assisté qu'à un bal où elle dansa pour la première et dernière fois. »

Elle préférait l'étude, ses livres, son piano, ces causeries intimes où l'âme s'épanche, où l'esprit sans apprêt va, vient librement, *la bride sur le cou*, d'où sont bannis la gêne, l'artifice, la médisance. Que d'heures délicieuses envolées, qui ne reviendront plus, dont les amis d'A., émus en lisant ceci, garderont à jamais le souvenir !

X

Nous touchons à une époque douloureuse dans l'existence de Jeanne.

M. Delcour avait une position difficile dans l'Université. Sa femme et sa fille appartenant au culte réformé, on lui faisait un crime de ses liens avec le protestantisme. Malgré son esprit de conciliation, il fut en butte à des attaques injustes; on l'abreuva d'ennuis. L'administration — était-ce prudence ou faiblesse? — se contentait de déplacer le fonctionnaire. Cette mesure, renouvelée *six fois* en quelques années, blessait M. Delcour dans son amour-propre, dans sa dignité et dans ses intérêts. Roulant sans cesse le rocher de Sisyphe, il tombait dans le découragement. Alors intervenait l'Ange du foyer, Jeanne, avec ses paroles douces et persuasives; elle embrassait son père et lui rappelait la promesse de l'Apôtre : « Celui qui espère en Dieu ne périt jamais. »

Et c'était entre le père et la fille des serrements de mains, de saintes caresses, des mots jaillissant du cœur, de doux entretiens entrecoupés d'éloquents silences, et, à la suite de ces scènes pleines d'émotion et d'attendrissement, M. Delcour se redressait rasséréné et plus fort pour la lutte, Jeanne était heureuse d'avoir répandu le beaume de son amour sur de si vives blessures.

Le dernier poste assigné à M. Delcour, ce fut le collège d'A..., et là, en moins de deux ans, il prépara pour cet établissement les éléments certains de prospérité. A cette occasion un grand personnage lui fit entrevoir un avancement mérité; il y comptait, et sa famille partageait ses espérances, lorsqu'il fut nommé à un poste inférieur dans un de nos départements annexés. Cette nomination fut un coup de foudre. Jeanne, dont la santé était fort chancelante alors, n'aurait pu supporter les rigueurs d'un long hiver au milieu des Alpes. Ce fut le motif invoqué par son père qui parla timidement de ses services et de ses déboires. Il pria, supplia. Sa démarche resta sans succès. Il fallait ou obéir ou accepter un congé. M. Delcour accepta le congé, et, dans l'espoir de sauver son enfant, il la conduisit dans son pays natal.

XI

Mais si M. et Mme Delcour quittèrent avec peine la ville d'A... où ils avaient de si nombreuses relations et tant d'amis, l'épreuve fut bien plus terrible pour leur fille bien-aimée. Nous avons une photographie de Jeanne, faite à ce moment, quelques jours avant le départ. Quel trouble dans ces traits ! quel sombre nuage pèse sur ce front et sur ces beaux yeux ! On se prend de sympathie et de pitié, en présence de ce visage endolori. On craint, on pressent un dénouement fatal.

Dès son arrivée à la Tolzière, elle fut très-souffrante. Une toux sèche et fréquente la fatiguait ; ses maux d'estomac prirent une plus grande intensité. Elle fut en proie à une fièvre lente et continue. Ses forces l'abandonnaient. Et pourtant elle n'avait cessé de se faire illusion ; elle avait le projet d'aller à Paris, implorer le ministre, déchirer les voiles qui lui dérobaient la vérité, obtenir justice.

XII

Jeanne était entourée des soins les plus ingénieux et les plus tendres, d'une sollicitude de tous les instants. Tout ce que l'amour paternel peut inventer fut accompli par M. Delcour; tous les témoignages d'affection qu'une mère aimante et inquiète peut donner à sa fille furent prodigués nuit et jour par Mme Delcour. Mais le mal empirait. On eût recours à la science. Trois fois on fit le voyage de Bordeaux pour consulter les plus habiles gens de l'art. Des remèdes furent ordonnés, un régime prescrit. Selon l'avis des médecins, la malade n'avait aucune lésion organique, mais la toux et la fièvre étaient des symptômes alarmants. Ils ajoutèrent que la maladie semblait se compliquer d'une cause morale, — un chagrin peut être !

Oui, un chagrin, celui de voir son père tenu à l'écart du service actif, alors qu'elle avait rêvé pour lui une récompense. Impressionnable et nerveuse, délicate comme une sentitive qu'une ombre, un bruit, un mot, un regard froissaient, cette jeune fille n'avait pas eu la force de supporter la réalité ; et bien que le corps fut sain, il devait se briser sous la douleur sans bornes de l'esprit. Comme les fleurettes des prés, elle s'était souvent relevée sous le pied qui la foulait par indifférence ou par mégarde. Cette fois blessée au cœur, elle devait se faner et mourir !

XIII

Remèdes et régime furent impuissants !

Un ami parla d'un traitement pratiqué avec succès à l'hospice du chef-lieu. Jeanne voulait, espérait guérir. Le remède des sœurs de l'hospice lui apparut comme un baume souverain, comme la source sacrée où elle devait puiser la santé et la vie. On partit. Accueil affectueux, zèle et dévouement de la part des sœurs. Les premiers jours, le traitement fait merveille. Il y eut un temps d'arrêt dans les symptômes morbides : la toux, la fièvre, les ardeurs d'estomac.

La malade écrivit à son père, retenu à Bordeaux par le souci des affaires : — « Miracle ! on est en train de te refaire ta fille ; tu ne regarderas pas à la dépense, n'est-ce pas ? » La dépense était une de ses préoccupations. Économe, rangée, sachant le prix de l'argent, elle s'en veut d'être pour ses parents une cause de sacrifices incessants.

Cependant elle a encore parfois des accès de bonne humeur. Le médecin lui demande si, à une certaine époque, elle a eu de l'enbonpoint. Elle répond :

— « A l'âge de seize ans j'étais fraîche et grasse ; dans ma famille on m'appelait l'*Auvergnate*.

— « Vous n'avez rien aujourd'hui qui justifie une pareille qualification.

— « Non, pas même les jambes, car il me serait difficile de danser la bourrée.

Ce mieux ne se soutint pas. La fièvre reprit le dessus et les insomnies furent plus fréquentes. La malade se laissa aller au découragement et à l'ennui. Elle fut bizarre, exigeante, inquiète. La Garonne coulant sous ses fenêtres rendait vivante pour ainsi dire à ses yeux l'image de Bossuet qui compare le temps à un fleuve entraînant tout sur son passage. Elle se disait que ces flots s'agitant sous ses pieds contenaient plus de gouttes d'eau qu'il n'y avait de minutes dans son existence. Cette température froide, ce vent qui s'engouffrait en gémissant dans les corridors de la maison, ce ciel bas et gris, ce paysage, nu, pauvre et désolé sur lequel reposait sa vue, lui faisaient éprouver cette tristesse qui s'élève de toute impression profonde, la tristesse de l'abîme et lui donnaient envie de pleurer; elle appelait son père à grands cris; elle désirait revoir la Tolzière et ses bois charmants et ses belles prairies et son verger, et son parterre tout couvert de fleurs.

M. Delcour accourut. Il inonda sa fille de caresses et de larmes. Il la prit dans ses bras. De l'hospice à la Tolzière il la porta sur son cœur.

Avant le départ on dut saluer les sœurs. La malade leur fit ses adieux d'une façon touchante.

— Pardon ! j'ai été bien maussade et vous avez été si bonnes !

Sa voix douce, un peu émue, provoqua l'émotion.

Elle ajouta :

— Je ne vous oublierai pas dans mes prières; priez pour moi.

Des larmes brillèrent dans tous les yeux.

De la voiture, elle les salua de nouveau avec la main, en leur criant : *Au revoir!*

XIV

Ce retour à la Tolzière fut presque une fête.

Jeanne se sentait revivre. Chacun l'embrassa. Elle était bien changée, bien défaite, bien pâle. Elle souriait. La joie du retour lui ôtait le sentiment de la souffrance.

Sa tante lui prenait les mains :

— Ah ! chère enfant, te voilà donc revenue ! Tu vas guérir vite à la Tolzière.

— J'y compte ; déjà le charme opère ; qu'on est bien ici !

Elle était assise auprès de la cheminée du salon. La tourterelle roucoulait dans un coin. Les chats s'étaient couchés à ses pieds devant un feu clair et pétillant. Les chiens la regardaient avec bienveillance et curiosité.

— Ah ! fit-elle, si je croyais à la métempsycose, ces animaux me représenteraient les dieux lares de la Tolzière qui s'empressent pour me souhaiter la bienvenue.

On lui servit un potage et du jus de viande avec un verre de bordeaux. Elle mangea peu, mais avec plaisir, et répéta plusieurs fois : C'est délicieux !

Comme on la montait dans sa chambre, elle dit :

— Décidément je me sens mieux. Le printemps, l'air de la Tolzière et le cordial des bonnes sœurs vont bientôt me rétablir.

XV

C'était le samedi soir.

Elle était très-faible. Il lui fallut les trois jours suivants pour la remettre des fatigues du voyage. Le mercredi, il y eut comme une espèce de soubresaut vers la vie. La température était plus chaude, la journée splendide. M. Delcour proposa une courte promenade dans l'avenue et aux alentours. Jeanne accepte avec joie ; elle est placée sur le fauteuil et le chariot où s'asseyait autrefois la vieille grand'mère infirme. Elle éprouva un grand bien-être au contact de l'air tiède et pur.

Le chariot était traîné avec précaution. Les gens de la maison suivaient. Elle dit gaiement :

— Je viens saluer en reine mes sujettes et mes amies, les fleurs. En respirant leur parfum, je prélève l'impôt. C'est le gouvernement à bon marché.

On lui présenta un cyclamen.

— Ces fleurs sont belles, dit-elle, quoique pâles et tristes ; avec leur coiffure de nonne, elles ressemblent aux bonnes sœurs de l'hospice. Elles ont une odeur suave, celle de la vertu.

Le chariot se dirigea ensuite vers les plates-bandes du jardin de son oncle. Les violettes, les pensées, les tulipes, les anémones, les lilas, le cytise, étalaient à l'envi leurs fraîches couleurs et semblaient lui sourire. Les arbres fruitiers répandaient à flots leur neige odorante. Les paquerettes et les boutons d'or diapraient les prairies d'un vert sombre.

Elle admira en silence; puis elle reprit :

— Je jouis d'un pouvoir qui n'est pas plus à l'abri des révolutions que celui des autres souverains; je suis menacée par le changement des saisons. L'été prochain, où seront mes pauvres fleurs? où serai-je?

On alla jusqu'à la garenne. Là se déroule un petit site de pittoresque aspect. C'est la solitude la plus profonde à deux pas du bruit et du mouvement, dans un fouillis d'ajoncs, de genêts, d'herbes folles, de cyprès nains, de jeunes pins, de chênes et d'acacias. Le sentier qui traverse ce site longe une chênaie verdoyante et aboutit à un ravissant paysage.

Jeanne s'écria transportée :

— Oh! la silencieuse et charmante retraite! nous y reviendrons, père! tu choisiras une bonne place pour me relire les Eglogues de Virgile.

L'air embaumait; les oiseaux répétaient leur interminable babil. Deux hirondelles, se poursuivant, rasèrent le sol.

— Voyez! dit-elle, tout se prépare pour la grande fête du printemps. Tentures et décors ont été disposés par la main des fées. Voici les artistes : les uns essaient leur voix ou composent leur chants ; les autres accordent leurs instruments. A la première représentation, nous aurons gratis des loges d'avant-scène. Que Dieu est bon de nous donner de si bonnes choses !

Ce beau jour fut suivi hélas ! d'une mauvaise nuit. Il y eut durant le sommeil des gémissements plaintifs, un redoublement de fièvre, de l'agitation, un peu de délire. La poitrine commença à être oppressée.

On voulut néanmoins tenter une nouvelle promenade comme la veille. La malade s'apprêta à descendre. Ses forces la trahirent.

M. Delcour voyait avec un effroi déchirant tomber une à une toutes ses illusions ; il errait éperdu autour de l'habitation, pleurant, étouffant à grand'peine les sanglots du désespoir. Il rentra. Jeanne devina la douleur de son père. Etait-ce par intuition ou l'avait-elle entendu ? Elle le gronda doucement :

— Père, tu n'as pas été sage ; ma tante, non plus. Je vous dirai comme Jésus à ses disciples : *Gens de peu de foi !* Je suis très-faible, mais je ne souffre pas. Je suis comme une lampe dont l'huile s'épuise. Le cordial des bonnes sœurs sera ma provision d'huile. Encore quelques jours et je reviendrai à la santé. D'ailleurs ne faut-il pas que la volonté de Dieu soit faite ?

Les assistants avaient le cœur navré. Mme Delcour montrait une résignation vraiment chrétienne ; son mari, brisé, anéanti, se faisait un masque calme, presque souriant. Effort surhumain !

XVII

Mais depuis plus d'un mois les habitants de la ferme n'espéraient plus.

Vainement pourchassée, l'orfraie était venue chaque soir pousser son cri sinistre sur l'orme du puits ; une jeune chatte, nommée Jeanne (le nom de la malade !) avait succombé tout-à-coup à un mal inconnu ; le chien de la métairie voisine avait hurlé la nuit.

Tous ces présages, en grand crédit à la campagne, avaient jeté comme un voile funèbre sur la Tolzière ; on se parlait à voix basse ; tous les visages étaient contristés ; chacun sentait sur sa poitrine le poids d'un immense malheur.

Le jeudi et le vendredi, il y eut des *hauts* et des *bas*, suivant l'expression de la malade. Elle se débattait, elle luttait, elle souffrait. L'opium fut administré. Le samedi, le sommeil fut lourd, accablant, presque léthargique. M. Delcour était en quelque sorte suspendu au souffle de sa fille. Lorsqu'elle ouvrait les yeux, celle-ci lui souriait. Elle parla. Le mot *confiance* passa sur ses lèvres comme un doux murmure. Sa mémoire s'enfuyait ; ses idées n'avaient ni liaison ni clarté. De temps à autre, elle pressait son front comme pour les fixer.

Quoique mourante, elle conserva jusqu'à la fin les formules d'une exquise politesse. Jamais son visage n'avait été plus gracieux; jamais le timbre de sa voix n'avait été plus pur. On la mit sur son séant. Elle accepta un bouillon et un peu de vin.

Elle dit à la dame qui la servait :

— Enchantée de me rapprocher de vous.

— Et moi, Jeanne, je ne voudrais pas te quitter.

— Allons ! excusez-moi; il y a un peu d'égoïsme dans ma politesse : c'est que j'aime le bon vin et vos bons offices.

Et comme si elle eût craint de manquer de charité en se permettant cette légère malice, elle embrassa la dame attendrie et abattit sur elle son beau regard plein de sympathique aménité.

Tout-à-coup son esprit se troubla; elle s'écria d'un ton effrayé :

— Où suis-je?

Se ravisant, elle fit un suprême effort pour rallier ses idées. Elle comprit que sa demande avait été pour M. Delcour comme un coup de lance au cœur.

— Mon père, dit-elle, tu dois plutôt rire que t'affliger de cette aberration.

— Sans doute, répondit M. Delcour en faisant un geste désespéré.

Une sueur froide couvrit son visage; ses jambes se dérobèrent sous lui; il chancela. Rire quand il voyait mourir sa fille !...

XVIII

Elle tomba dans un état de somnolence jusqu'au soir.

La nuit, agitation, délire; le pouls toujours fébrile baisse rapidement; l'oppression augmente; la soif — une soif inextinguible depuis trois semaines — ne peut être calmée.

Le matin, elle parut moins souffrir.

— Veux-tu le remède des sœurs? lui demande-t-on.

Elle répond d'une voix douce et soumise :

— Comme mon père voudra !

Son père, c'est-à-dire pour elle, l'ami le plus tendre, le plus débonnaire, l'esclave dévoué au bonheur de sa fille, l'homme qui, à force d'amour, régnait sur l'âme aimante de Jeanne, la dominait, la subjuguait! Son père, dont elle était le reflet le plus pur par les instincts et les sentiments, à qui elle pouvait dire, à toute heure, sans se tromper : *Je sais ce que tu penses !* tant il lui était facile de lire dans ce cœur !

XIX

C'était le dimanche des Rameaux.

La nature et la religion chantaient *hosanna*. La brise mélodieuse qui se jouait dans le feuillage, le gazouillement des oiseaux, les refrains et les bourdonnements des insectes, la voix des eaux, le ciel resplendissant, le soleil qui donnait à la campagne des reflets d'or et un air riant, les cloches qui annonçaient que la chrétienté tout entière était en fête, contrastaient péniblement avec la scène de deuil qui se passait à la Tolzière.

Il était huit heures du matin.

Parents et amis se pressaient auprès du lit de la mourante. La mère à genoux la soutenait au chevet avec deux oreillers. Une amie fidèle, celle qui l'a assistée jusqu'à son dernier moment, lui humectait les lèvres avec un linge mouillé. M. Delcour lui prit pour la baiser sa main qu'il sentit brûlante et desséchée. Tous priaient et pleuraient. Sa respiration s'embarrassa de plus en plus. Les étouffements redoublèrent. Un nuage se répandit sur ses yeux qui bientôt se rouvrirent. Au même instant la chienne de chasse du logis courut sur la route et aboya deux hurlements comme si elle eût vu passer le spectre de la mort. Un rossignol, — le premier de la saison, — fit entendre sur un buisson fleuri un chant doux et plaintif. Jeanne, regardant son père, lui envoya un sourire ineffable. La face prit une expression d'austère béatitude. Son âme venait de s'envoler vers les régions célestes.

XX

Dans la nuit qui précéda les funérailles, Jeanne plus blanche que le linceul qui l'enveloppait, paraissait dormir. Sur son lit étaient répandues à profusion les fleurs qu'elle avait le plus aimées. La chambre mortuaire était illuminée. De pieux amis et des gens de service veillèrent le corps. Plusieurs fois on vit se dessiner sur les draperies d'une fenêtre une ombre dans l'attitude de la contemplation et de la prière. C'était le malheureux père qui ne pouvait se rassasier de la vue de sa fille morte. Les traits de Jeanne n'avaient rien perdu de leur suavité et de leur finesse, mais il y avait comme une empreinte plus grave et plus solennelle. La majesté de son front rappelait l'immortalité et semblait dire : *regardez en haut !*

Le lendemain, à quatre heures du soir, celle qui joignait de si brillantes qualités à une si haute vertu; Jeanne qui était pour nous tous un charme rien qu'à penser à elle, rien qu'à dire son nom, fut déposée dans le petit cimetière de famille. Que de recueillement dans cette cérémonie ! que de douleur vraie ! que de sanglots et de larmes ! Cette mort prématurée, qui renverse de si beaux projets d'avenir, a plongé la Tolzière dans la désolation et le deuil. C'est le cas de répéter le mot de Mme de Sévigné : *Les arbres en sont tout tristes !*

A la nouvelle d'un malheur si cruel et si imprévu, les mains et les cœurs se sont tendus vers M. Delcour. Son cri de douleur a trouvé de l'écho. Les témoignages de sympathie et d'affection qui lui sont venus de toutes parts ont éveillé en lui des sentiments de vive gratitude. Ces témoignages nombreux et sincères sont admirablement résumés dans cette lettre du docteur R. de la ville d'A. :

« Connaître Mlle Jeanne D......, c'était l'estimer, l'ai-
« mer. Elle avait l'élévation des sentiments, le dévoue-
« ment filial, l'intelligence, la grâce et l'esprit et tous
« les dons que la nature et l'éducation avaient développés.
« — Nous le sentons mieux que personne, nous qui avions
« apprécié sa vertu, son mérite et ses éminentes qualités.
« Nous ne sommes que l'écho de ceux qui l'ont connue à
« A. où la nouvelle de sa mort a excité les plus vifs et les
« plus sympathiques regrets. »

Hélas ! la perte est irréparable !

Mme Delcour pleure dans le silence et la prière, M. Delcour a vieilli de dix ans ; son front porte le signe d'une
grande infortune ; il va chaque jour visiter la tombe de sa
fille ; il s'incline avec respect sous la main de Dieu, mais
son regard est celui d'un martyr qui subit la torture de
la vie.

AGEN. — IMPRIMERIE DE PROSPER NOUBEL.

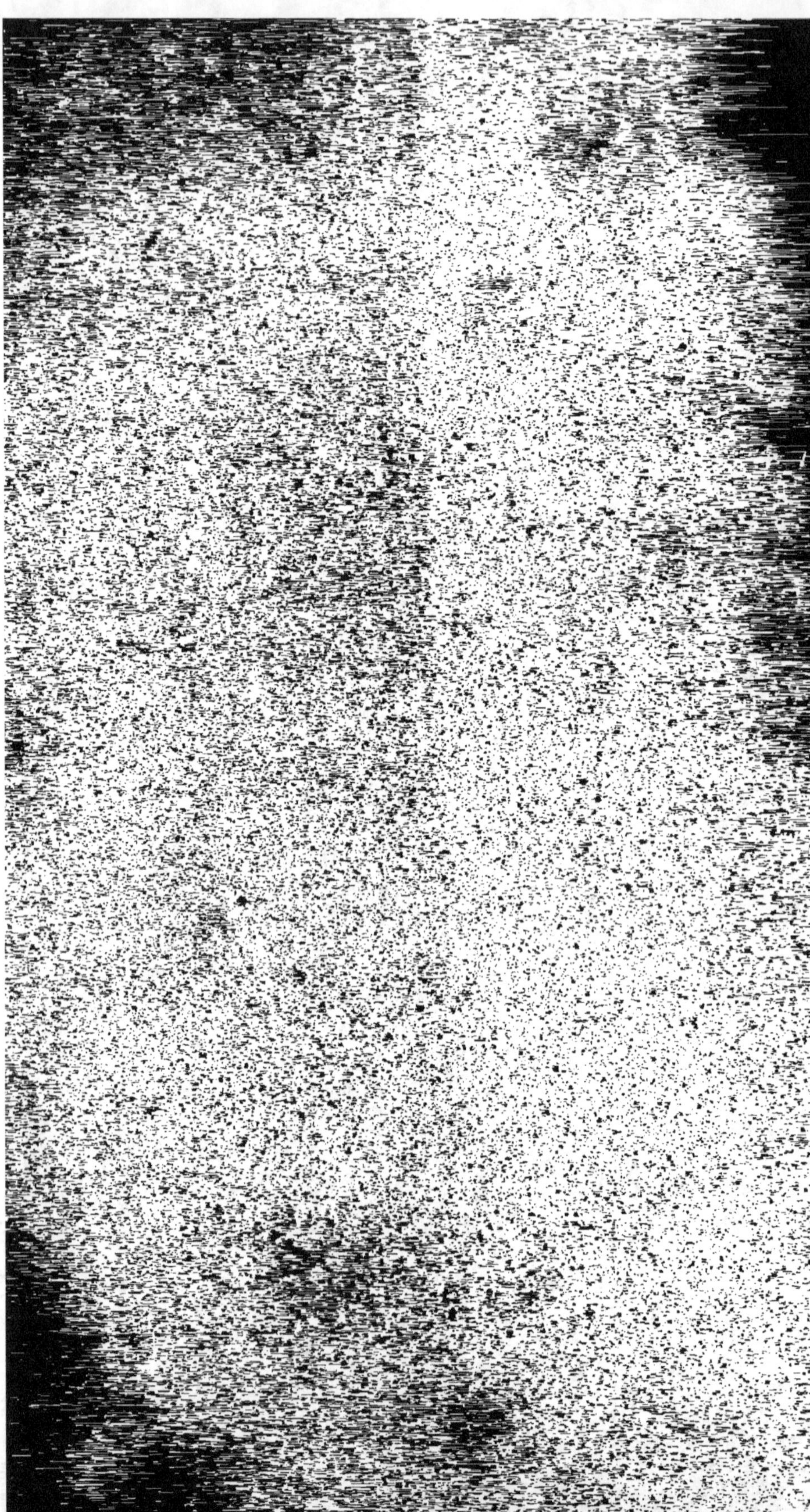